Carlos Luis Sáenz

Memorias de alegría

Ilustraciones
Isabel Fargas

FARBEN
GRUPO
EDITORIAL
norma

861.4
S127m   Sáenz, Carlos Luis, 1899-1984.
            Memorias de alegría / Carlos Luis
        Sáenz; il. por Isabel Fargas Ayora.--1ª ed. -
        San José, C.R. : Ediciones FARBEN, 1 994.
        104 p. : il. ; 23 cm.

        ISBN 9977-986-56-8

        1. Poesía infantil costarricense. I. Título.

Impreso en Costa Rica
Printed in Costa Rica

Directora Editorial: Mabel Morvillo
Directora de arte: Vicky Ramos
Ilustraciones: Isabel Fargas Ayora
Diseño y diagramación: Luis Diego Parra
Producción: Marta Lucía Gómez
Corrección de pruebas: Guillermo Fernández

ISBN del libro: 9977-986-56-8

Prólogo

Carlos Luis Sáenz fue un abuelo cuentacuentos...

Por eso, se paseaba por las lluviecitas de invierno con un paraguas como de nubes. Y allí él cobijaba, amorosamente, a los animalitos solitarios, a los cariños confundidos, a los sueños multicolores y viajeros.

Carlos Luis era todo luz, como un sol mañanero. Y aunque un día se fue a pasear por los planetas que había imaginado, nos dejó mil y mil mariposas de papel: sus poemas.

Y su recuerdo nos guiña un ojo, sonríe y se pone a jugar con nosotros en estas memorias de la alegría...

Mariposas del instante

Juego de nunca acabar

Juguemos un juego de nunca acabar,
te beso y me besas,
te vuelvo a besar.

¿Hijo, sabes cómo va el agua a la mar?
Pues va como el beso
que te voy a dar.

¿Sabes cómo alumbra la luz matinal?
Pues como ese beso
que me vas a dar.

¿Sabes cómo es dulce la miel del panal?
Tómala en el beso
que te voy a dar.

Las estrellas que arden en la inmensidad
contaré en los besos que te voy a dar.

Y todas las olas que rizan el mar
numera en los besos
que te voy a dar.

Te beso y me besas, te vuelvo a besar
¡y este es el juego
de nunca acabar!

Meciendo tu cuna

Meciendo tu cuna,
yo soy como el agua
del limpio arroyuelo
que va entre espadañas
albeada de lirios
y de nubes blancas.

Soy como la brisa
que no agobia el alma
del jardín, ya toda
ojos de esmeralda,
ni a las mariposas
les dobla las alas.

Meciendo tu cuna
mi ternura es tanta
que si en mis pupilas
el mar se mirara,
tornaríanse dulces
sus aguas saladas.

Oro y plata

Una llave de oro y otra de plata:
la llave de oro es el sol,
la luna es la llave de plata.

Una llave de oro y otra de plata:
tus ojos abiertos, de oro,
tus ojos cerrados, de plata.

Una llave de oro y otra de plata:
tus besos, la llave de oro,
tus risas, la llave de plata.

Una llave de oro y otra de plata:
tu amor es mi llave de oro,
mi amor es tu llave de plata.

La canción

Para darte mi arrullo, hijo mío,
¿quién me diera canción y canción?

Dijo el viento, te doy mi susurro
empapado en aromas de flor.

Soy arroyo que fluye en el prado,
mi fresco murmurio de luna te doy.

Toma todas mis músicas, madre,
cantó el mar con lejano rumor.

La hoja nueva bailando en el viento
su alta voz de áureas frondas me dio.

El amor que escuchaba en silencio
me dijo: ¡Oye el canto de tu corazón!

Y te arrullo, y te arrullo, mi niño,
y no falta en mis labios canción.

Mientras cierro la ventana

Mientras cierro la ventana,
ya la tarde en el jardín,
el sol último en las rosas
arde en vivos de carmín.

Duerme, duerme, niña mía,
que la sombra es maternal
y en tus sueños, las estrellas
con los duendes jugarán.

Las estrellas en las frondas
tejen puntos de cristal;
juega el grillo de la alcoba
escondido en su cantar.

Duerme, niña mía, duerme,
florecita en mi jardín,
mi estrellita de la tarde,
mi anidado colibrí.

Arrullo

Arrullo, hilito de agua
de la ternura,
mientras el niño ríe
mecido en la cuna.
Arrullo, arroyito,
¡qué alegre mana
en el fino silencio
de hierbas claras!

Arroyo entre palmas
todo frescura
al vaivén perfumado
que mece la cuna.
Arroyito claro
que le lleva estrellas
al chiquito dormido
que ríe, que sueña.

Infantita

Sobre las flores, flor, flor,
te pone mi corazón.

Nacen de la tierra flores;
tú, no:
que desde el cielo, tu tallo,
hacia la tierra creció.

Pequeñita, delicada,
más que flor del aire, más;
en mirada de ángel se abre
tu corola de cristal.

La estrella de la ternura
en mi pecho manso hirió;
tú, no:
tú, flor de luz en el agua
azul de mi corazón.

Milagreas, Infantita, hija mía,
hija flor,
en mi pecho alto, tan alto,
que más allá de los cielos
y de los lirios del ángel
te pone mi corazón.

Cunera del monte

Te daré moras
peloncito, si no lloras;
y te daré moritas
si secas tus lagrimitas.

Duérmete, peloncillo,
carita de albahaca,
que el moral de la noche
te da sus moras blancas.

Esta niña

Esta niña linda vino de un lucero,
por eso la quiero.
Esta niña linda vino de una rosa,
por eso es preciosa.
Esta niña linda vino de una fuente,
por eso es sonriente.
Esta niña linda vino de una perla;
sólo quiero verla.
Esta niña linda me vino del día,
por eso es tan mía.
Esta niña linda vino de un sol de oro,
por eso la adoro.
Esta niña linda vino de un fulgor,
por eso es mi amor.

11

El sol

Estrellita de oro

El sol estaba llorando
al otro lado del mar;
lloraba él porque quería
venir contigo a jugar.

El sol estaba muy serio
parado en su medio día
cuando tú en el Silabario
su nombre claro leías.

El sol hizo tarde de oro
y arreboló el horizonte
porque tú fuiste conmigo
a mirarlo desde el monte.

Estrellita de oro
de la tarde pura,
así es mi niñita,
no me cabe duda.

Estrellita de oro
sobre la colina;
encima de mi alma,
lo mismo es mi niña.

En la fuente pura
se mira la estrella;
Dios me dio a mi niña,
yo me miro en ella.

Trébol

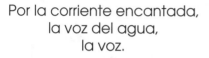

Por la corriente encantada,
la voz del agua,
la voz.

Por el cielo de la tarde,
la voz de plata,
la voz.

Toda la luna
por la noche desvelada,
en la vocecita clara
de la madre que canta.

Palabras

Este pajarito le dijo a mi niña:
— Para ti yo afino
mi fina garganta de cristalería.
Esta florecita le dijo a mi niña:
— ¿Quieres darme un beso,
muñequita linda?
Esta mariposa le dijo a mi niña:

— Dále a mis alitas
luz de tu alegría.
Y una estrella clara
le dijo a mi niña:
— Por jugar contigo
yo sería tu amiga,
bajaría del cielo
de la tarde limpia,
y en tus ojos verdes,
¡cómo alumbraría!

Dos ojitos

Mis ojos amantes,
para ti, Mamá,
en tus largos días
siempre alumbrarán.
Es mi boca, Madre,
de fresa y rosal;
la miel de sus besos
siempre la tendrás.
Mis rubios cabellos
son tuyos, Mamá,
con tus manos buenas
suavidad les das.
Mis pequeñas manos
para ti serán
rosas de ternura
de tu buen rosal.
Y el corazón tuyo
que en mi pecho va
con cada latido
repite: ¡Mamá!

Nenita

Nenita, Nenita,
ya se va a dormir
que ya se ha dormido
la flor del jazmín.
Nenita, Nenita
ya se va a dormir;
Ratoncito Pérez
me lo dijo así.
Nenita, Nenita,
ya se va a dormir,
el Viejo del Sueño
viene por aquí.
Viejito del Sueño
traeme en tu zurrón
aquel dulce arrullo
de mi corazón.
Con ese arrullito
la quiero arrullar:
¡arrurú, Nenita,
dormidita estás!

Madre

Tiene el sol para la tierra
su calor primaveral;
y la madre, para el hijo,
la dulzura de su hogar.

Es el valle vasta cuna
de dormidos robledales;
para el sueño tiene el niño
los regazos maternales.

Dormido

Allá tras las montañas
encuentra un nido el sol;
el sueño en tus ojitos
también ya se anidó.
¡Calla, rumor del agua,
calla, dulce canción!

Sobre el vallado verde
se cierra el girasol;
tus ojos inocentes
cerráronse, mi amor.
¡Calla, brisa del prado,
calla, dulce canción!

El pájaro en la rama
tranquilo se durmió;
tú duermes, hijo mío,
aquí en mi corazón.
¡Calla, voz de la tierra,
canta, profundo amor!

La vela encendida

Nombres de cielo

En los labios de mi madre
tuvo nombre la belleza.

La noche azul del verano
nos congregaba en la huerta.

Las eras recién regadas
cómo olían a tierra fresca.

Nacía la confianza dulce
de la concluida faena,

y en el silencio del mundo,
como en la primera lengua,

la voz de mi madre iba
dando nombre a las estrellas.

La brasa

¡Está vivo, está vivo!,
hijo de madre de hoguera,
escarabajo de oro,
míralo cómo tiembla.

¡Míralo cómo busca
la ceniza hogareña
para esconderse rojo,
rojito de vergüenza!

17

El camino

Desde la puerta de mi casa
miro el camino que se aleja
hasta perderse a la distancia.

Como otros tantos que se fueron
seré también un peregrino
que irá adelante, bien dispuesto,
con su morral de pensamiento,
su corazón de fe en el hombre,
y de esperanza lleno el pecho.

Desde la puerta de mi casa
miro el camino que se aleja
hasta perderse a la distancia.

Para el que pase, mi saludo
un vaso de agua, la más fresca,
o el descanso cabe al muro
mejor sombreado de mi casa.
¡Y una palabra de coraje
y un abrazo de esperanza!

En la mecedora

La sala está en penumbras.
Flojas cortinas blancas
ínflanse con las brisas
en combas de olas claras.
Desde la mecedora

que el niño hace su barca,
capitán de sus sueños
cruza una mar extraña
con Simbad, hacia una isla
de concha, perla y nácar.

Abuela

Amor de clavel y lima,
ay, señor,
Cristo de mayo en ternezas
de pajarillo cantor;
amor de violeta y malva
de olor,
de horas con avemarías
en el solemne reloj;
amor de tantas criaturas
y santa consolación,
amplio como la casona
ventanas al claro sol;
amor de lago sereno,
de silencio y de canción:
cunera para la vida
abierta en nuevo botón.

Abuelo

En el cincuenta y seis
mi abuelo fue a la guerra.
Yo besaba su mano venerable
y sentía que besaba la bandera.

Tía Concha

Viejecita blanca, luna de verano,
ojitos azules, dulces y cristianos.
Ella nos contaba pruebas de la fe
mientras nos chorreaba tazas de café.
Era limpia, limpia, limpia como el sol
y tan pobrecita como el Niño Dios.
Pero como el día, pero como el sol,
la santa alegría siempre florecía
en su corazón.
En su casuchita, gallinas y patos
y dos gatos viejos compartían su plato.
De lo que le daban, ella siempre daba,
y, por un milagro, siempre le quedaba.
Concha por lo limpia, conchita del mar
que copiaba el cielo en luz de humildad.

Alegría

¡Qué alegría de fervores
las voces del agua,
la azucena en su vara,
el nido
hilado en aire de la rama!
La barca,
la muchacha que canta,
el marinero,
la ropa bien lavada
y en el sol, asoleada.
¡Y esta tierra de abrildespedazada!

Adivinanza

U... O... A... E... I.
El cántaro canta llenándose, así:
U... O... A... E... I...

Mi cántaro lleno en las fuentes, oíd:
U... O... A... E... I...

¿Qué dirá mi cántaro cuando canta así:
U... O... A... E... I...?
¡Dímelo tú, si lo sabes decir!

Din don

A la media noche,
din, don,
va el duende en un coche
que tira un ratón.
Din. Don.
Es el duende negro,
negro, de carbón,
din, don,
que a veces nos muerde
en el corazón,
din, don.

Colorín colorado

Colorín, colorado,
miren a este niño,
cómo está enojado;
porque la gata vieja
le robó la torreja,
porque el perro ladrón
se comió su turrón
y porque un pajarito
le ha robado un besito …
¡Colorín, colorín, colorado,
miren a este niño
cómo está enojado!

Voces

Al otro lado en los árboles
juegan y cantan.
¡Qué suaves vienen en el aire
las voces tamizadas de los niños,
de sol y viento alegres,
al otro lado de las verdes ramas!

Ratón Pérez

Aladín, Aladín, Aladino,
Ratón Pérez
perdió su camino.
Aladín, Aladín, Aladón
se encontró con el gato ladrón.

Y Aladín, Aladino, Aladón,
Mister Gato
se come al Ratón.
Así ocurre siempre,
¡tomen la lección!

Memorias de alegría

Para Alex

*«Across my chest there lay a weight, so warm
as if some bird had taken shelter there."*

S. T. Coleridge.

Cosas

La casita tiene un patio,
el patio tiene un naranjo,
el naranjo tiene un nido
y el nido tiene tres pájaros.

El pino

Cuando llueve,
cómo se moja el pino,
cómo se pone alegre.

Ruido y sol

Banda, la banda, bandera,
banda, la banda, tambor,
tambor y la tropa entera
toda bañada de sol.

La nube negra

Parada estaba la luna,
arriba en mi ventana;
vino la nube negra
y le quemó su plata.

Mariposa

Relámpago de alegría,
¡la mariposa en el
campo!

Rincón y grillo

El rincón tiene un grillo;
de rato en rato,
suena su campanita de vidrio.

Salto de agua

Tensa polea,
el salto de agua enlaza
la rueda de los árboles de arriba
a la otra rueda de cristal de
abajo.

Canción

Un pájaro dice sí;
un pájaro dice no;
cuando cantan los dos juntos,
¡qué bonita la canción:
sí, sí, siií. No, no, nooo!

Enseñanza

A,
blanca como la luna sobre la mar.
E,
es la espiga dorada de mies.
I,
larga y fina como espina de rubí.
O,
redonda como el claro sol.
U,
suave murmullo de una fuente azul.

Canción bajo el limonero

Le abrimos camino al agua
bajo el florido limón,
al agua de la canción.
¡Ay, amor!
¡El agua se lleva la flor!

Cunera

Plata y verde,
verde y plata;
arrulla para dormir
sus árboles, la montaña.

Les canta cunera verde
y les pone por almohada
a los bosquecitos niños
nubes de algodón en rama.

Pájaro cantor

En la rama está el cantor,
la rama toca en el agua,

desde el agua, todo el cielo
sube en luz a su garganta.

Horizonte

Lejos se ve el mar.
Dicen que es el mar…

¿El mar? ¿No es un cielo
de oro solar?

Giro del día

Lirio amarillo
de la mañana.

Barca
con su velita blanca.

Medio día sonoro;
doce ángeles de ámbar
vuelan de la campana.

La mesa del comedor,
los membrillos, las naranjas;
abejas entran y salen
por la miel de la ventana.

Tarde tranquila,
agudos pinos de oro.
Barca,
con su velita lila.

Hormiga madrugadora

Va la primera hormiga
camino de la espiga.

Magnifica el rocío
la senda matinal
y pensará la hormiga:
«¡La espiga es hoy de oro
y el grano de cristal!»

El primer pajarillo

Las campánulas moradas
todavía dormitan en sus cunas
y vaga en el jardín
la nocturna ternura de la luna,
cuando, con sobresalto
de rosa y alhelí,
desde su rama que se mece en alto,
canta y le dice al sol: «¡Que sí!
¡Que sí! ¡Que siií!»

Buenos días

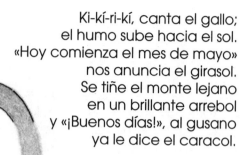

Ki-kí-ri-kí, canta el gallo;
el humo sube hacia el sol.
«Hoy comienza el mes de mayo»
nos anuncia el girasol.
Se tiñe el monte lejano
en un brillante arrebol
y «¡Buenos días!», al gusano
ya le dice el caracol.

La campana

La torre vecina
tiene una campana;
campanita amiga
que sonó en mi infancia,
que sonó la hora
de mi nacimiento,
que cantó en mi cuna
mis primeros sueños.
Es vieja, muy vieja,
la amiga campana,
es una abuelita
que vive encantada,
viendo por la noche
crecer los luceros
y en los días, los soles
que cruzan los cielos.
La hora de la escuela
ella me anunciaba,
con sus cinco golpes
que abrían la mañana.
Y en la plaza alegre,
con la tarde clara,
la hora de los juegos
también me anunciaba.

33

Barranca a medio día

Hay peces sin sonido en la barranca
en torno a los morales agridulces
y bajo los helechos de hojas claras.
Peces de medio día que resbalan
fulgores de oro entre la sombra verde
del aire remansado en la barranca.

  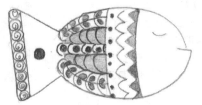

Palacios de la tarde

Los palacios de la tarde
tienen tanta claridad
que la luna, con ser nueva,
no ha encendido su fanal.
Los estanques de la tarde
tienen tal serenidad
que ni la alta golondrina
los rizó con su trinar.
Los cristales de la tarde
tienen tanta levedad
que se rompen con las brisas
al más dulce suspirar.

Dulzuras de blanco y verde

Dulzuras de blanco y verde
a media tarde en la sierra
y el viento picoteando
en las moras rojinegras.
Allá abajo, las casitas,
allá abajo, la plazuela
del pueblo, guardaba siempre
por sus pinos centinelas.
Sobre el pueblo, las bandadas
de golondrina de seda
girando en dorado juego
de agudas alas expertas.

Y, silencio…
Las novillas
echadas sobre la hierba;
un torito corcovando
y el cloqueo de la acequia.
Agua clara,
verde hierba.

Sueño de medio día

Los pinos en el viento de enero bailadores
y las enredaderas floridas de gorriones.
Su marimbita clara suenan los surtidores;
en los miramelindos las abejas se esconden;
las ramas del romero, cargaditas de flores;
las begonias regadas sombrean los corredores;
un silencio de sueño mulle sus algodones;
y tú duermes oyendo las canciones
del viento,
allá en los pinos bailadores.

Regreso

El lucero de la tarde
nos alumbró el regreso:
los bueyes venían mordiendo
hojitas de pasto tierno;
la carreta con los niños
iba por cauces de cielo
llevando delante el sol,
dorado y manso boyero.
¿Yo? No sé por dónde iba…
¿Por la tierra? ¿Por mi sueño?
Me encontré claveles de oro
regando mi pensamiento;
me encontré bajo los pinos
junto a la ermita del pueblo.

Tarde dorada y serena

Mientras el viento en el agua
les corta las cabelleras,
los viejos sauces se inclinan
haciendo la reverencia.

¡Tarde serena!

Dorada tarde sin nombre
brizadora de la hierba,
regalo de claras luces
para las almas suspensas.

Alma del viento y del agua,
alma sutil de la abeja,
alma verde de los sauces
en medio de la pradera.

Por el manso cauce de agua
el fresco verdor que tiembla,
cuando los sauces se inclinan
haciendo la reverencia.

¡Tarde dorada y serena!

La tarde

En mi ventana azul
está la tarde:

la mariposa inmensa
que en el cielo no cabe.

Es la canción de la noche

Es la canción de la noche
que se nos viene del mar,
con sus estrellas heladas
pececitos de cristal,
con sus rumores oscuros,
caracol de niebla y sal,
con sus temblores azules
de lentitud vesperal;
con misterios marineros
de luna y vela y palmar.
Muy quedito el corazón
se hace arenita del mar
y en la playa del silencio
escucha el hondo cantar.

Deseo

El niño pidió la luna;
el ángel la va a buscar;
está enredada en las frondas
verdeoro del naranjal.

El ángel llegó a las frondas:
la luna está más allá:
sobre la montaña tiene
su nido de claridad.

El ángel se ha ido muy lejos,
ya nunca retornará…
Se lo comió en la montaña
esa loba, oscuridad.

El niño pidió la luna
y se la trae en su morral
abuela noche que viene
de los palacios del mar.

Noche de plata

¡La luna de oro! Campo sonoro.
Noche de estío. Cantar del río.
Frondas de argento. Cantar del viento.
Placer sencillo. Cantar del grillo.
¡Y sobre toda vana canción
oigo en mí el canto del corazón!

La niña de plata

Luna hilandera.
¡Qué frío el viento
que viene del puente de piedra!

Bajo el puente
juega la luna.

Bajo el puente
tienen su casa las brujas.

Las tres brujas
bañan a la niña de plata
en el agua.

Soledad.
Luna hilandera.
Qué frío y bello el viento
que viene del puente de piedra.

Los caballos de la luna

Los caballos de la luna
beben agua en alta mar;
cuando sacuden las crines
riegan la brisa con sal.

Hay en sus ancas redondas
camelias por deshojar
y en sus duros ojos claros
concha perla de la mar.

Los caballos de la luna
vienen por donde se van.

Rosa del mar

Rosa del mar,
la luna.

Dilo tú el marinero
desde tu barco velero.

Dilo tú el salinero
a orilla de cristal en el estero.

O el negro de la sandía
debajo de cocotero.

¡Dígalo yo contigo,
y tú que vas,
conmigo, por la mar!

Pájaro Bobo

¡Jut… jut! En la barranca,
el Pájaro Bobo,
con su cola de péndulo
pacífico y solo,
mientras las golondrinas
al aire vuelven loco
y se secan los árboles
con el sol de las ocho.
¡Jut… Jut! En la barranca,
¡Pájaro Bobo!

La ranita

La ranita del campo
busca la flor del aire
en el jardín acuático
del estanque:
salto verde entre juncos
bajo los padres sauces;
cielo abajo,
en el estanque se hunde.

42

Caracol

OA,
dice el caracol del mar.
¡Y qué lejos está el mar!

OA,
en su recinto de nácar
las olas vienen y van,
bajo el sol, sobre la arena,
con claro viento de sal.

El caracol en la oreja
sigue cantando,
¡OA...!

De oro

La gallina de oro pone un huevo de oro
en la paja de oro del blando nidal.
El gallito de oro, espuelas de oro,
ojitos de oro, cresta de coral,
anuncia sonoro, el nuevo tesoro
del huevito de oro que está en el nidal.

La vaca

La vaca amarilla
paciente camina
entre el pasto oloroso
de la colina.
La vaca amarilla
tiene un ternero;
le doy hierba fresca
con hojas de trébol.
La vaca amarilla
se va por el prado
con el ternerito
saltando a su lado,
igual que la luna
con su lucerito
por el cielo claro.

La Zorra vieja

Reza la Zorra vieja
reza a la Luna;
¡vuelta, vuelta los patos
a la laguna!

Reza la Zorra vieja
triste y cansina;
vuelta a las ramas altas,
gallo y gallina.

Reza la Zorra vieja,
ya sin colmillos
y se ríen de sus rezos
los pajarillos.

Ron-ron

Cuando bebe leche,
rabito parado;
si le sobo el lomo,
ron, ron, ronroneando;
y el muy don bigotes
duerme en los tejados.

El lagarto

En la boca del Río Grande,
debajo del palmeral,
el rancho del pescador
huele a pescado y a sal.

Cerca, en los bancos de arena,
que a veces cubre la mar,
el lagarto amodorrado
sécase al sol la humedad.

Inmóvil, a medio día,
sobre la arena se está
copiando en su ojo sombrío
la flor de la garza real.

La telaraña

Amaneció el cubo lleno:
toda la noche llovió.
Y la tela de la araña
era un palacio de sol.

Mil diamantes en hilera
encendieron su fulgor
como astros de fuego y oro
por un cielo de ilusión.

Mariposas

Alas verdes y amarillas,
verdes y amarillas alas;
es el día y no es el día,
¡está en botón la mañana!
Alas, alas, alas de oro,
y penachos de cristal;
cien corazones de fuego
se mecen en el rosal.
Alas, alas de violeta
remando en el aire van;
el ángel besa los lirios,
el ángel del despertar.

Sapito

Sapi-tun, tun,
de mi corazón,
bajo el aguacero
cantando su son.
Su son, son, son, son,
de agua de barril
y algo de metal
y de tamboril.
Sapi-tun, tun,
chato saltador
que a la charca pones
vivo corazón.

Fiesta de las libélulas

La fiesta de las libélulas
sobre las aguas trémulas.
Oro y verde. Azul y plata.

Sol y sauces. Cielo y agua.
La fiesta de las libélulas
sobre las aguas trémulas.

Zacatera

Pajarita del pasto;
sonajero
del aire claro
en los parajes altos.

Pajarita del viento
enredador,
cuando el oído atento
sigue la línea pura de su trino.

Es hierba humilde
entre la hierba;
trino
en la vasta soledad del monte.

Recatado espíritu
que en el instante eterno
puebla la luz con su sereno,
leve regocijo.

¿Músico?

Siempre que canta mi canario
el gato, poco a poco,
se aproxima a la jaula
pendiente en la ventana.

¡Sin duda es músico
y le agrada
sentarse quietecito
a escuchar la tonada!

Lorita Real

Lorita Real
del Por-Portugal,
¿qué hace la lorita
en el palmeral,
vestida de verde
y sin medio real?
— Esperando novio
con quien me casar.
— Urria, la lorita,
la Lorita Real,
ningún loro verde
se quiere casar
con lorita verde
y sin medio real.

Pericos

¿Qué frutos verdes, qué frutos
amanecieron en el poró?
No, que no, son los pericos,
los periquitos de amor,
haciendo un árbol que canta
apenas da lumbre el sol.

Coral

(Tema de Cristina Rosseti)

Yo le dije al marinero
cuando vino de la mar:
– ¿Qué me trae, el marinero,
de esas olas de cristal?
Respondióme: coral blanco,
coral rojo, del coral
que es flor quieta entre las aguas
tumultuosas de la mar.
No lo extraje de la tierra
ni en la selva lo fui a hallar:
lo hacen vidas diminutas
en el fondo de la mar.

El saltamonte

El salta-saltamonte
salta sobre el clavel.
Lo que el saltamonte piensa
nadie lo podrá saber.
Se está muy quietecito
pensando su pensar;
y al fin el saltamonte
se decide a saltar.
Del clavel a la rosa,
la rosa del rosal,
luego al girasol de oro
ojo de claridad.

Después salta a la hierba,
salta en el aire azul
y en la azucena tiene
refugio de quietud.
Con la brisa de mayo
ahora empieza a jugar
al escondite, y salta,
salta, y vuelve a saltar.
Cansado, bajo la hoja
del diente de león,
se queda muy tranquilo
nuestro amigo, el saltón.

La luciérnaga

Cuando bajan las sombras a la pradera
y los grillitos cantan
entre las hierbas,
¡oh, la maravillosa lluvia de estrellas!,
los farolitos verdes
de las luciérnagas.

Mamá dice que el Hada Noche Serena
las hizo con granitos
de luna llena,
que así su perla clara
arde y no quema.

Mamá dice que aprenda de la luciérnaga
a viajar en la sombra
con luz serena,
pues hay luz en las almas
dulces y buenas.

Tortuga del mar

Un cofrecito de pirata niño
a rastras por la arena
sobre cuatro patas;
solo se abre y, solo se cierra.
A veces asoma
una cabecilla
como de serpiente
mirando las olas.
De pronto,
dos chispitas de sol
le encienden los ojos.
Desde los días primeros,
casi al amanecer
de las arañas del cielo,
los caciques indígenas
así la vieron.

Alegrías
de viento y agua

Por caminos de alegría

¡El viento viene subiendo
por caminos de alegría,
esparciendo altas estrellas
en gotitas de agua fina,
calzando espumas de sal
a la luna enternecida,
pespuntando hebras de luz
en las montañas perdidas,
meciendo flores de seda
despiertas en las colinas,
sonando en las azucenas
voces de cristalería,
agitando cascabeles
en alas de golondrinas!
¡El viento viene subiendo
por caminos de alegría!

Juego

Que sí,
que no.
El viento juega con el arbolón.
De plata,
de oro,
son las duras hojas del higuerón.
Canción… Silencio…
Silencio… Canción…
El viento juega con el arbolón.
El viento, niño;
el higuerón, abuelo;
¡y todo el prado ríe de su juego!

Rosal sin hojas

Hojitas, les dice el viento,
venid, hojitas, a danzar:
danzaremos por las colinas,
llegaremos hasta el raudal.
Hojitas, les dice el viento,
venid, hojitas, a danzar:
volaremos sobre los prados
llegaremos hasta la mar.
Y despojado de sus hojas
que se le fueron a danzar
con el viento, quedó triste
el campesino rosal.

Abajo va el río
(Márgenes del Reventazón)

Abajo va el río, abajo,
desgarrado entre las piedras;
arriba, de monte a monte,
el blanco río de las nieblas.

Las verdes aguas bullentes
se encabritan en las peñas
urgidas de ansias de mar
y de horizontes con velas.

De monte a monte resbalan,
dormidas, lentas, las nieblas,
soñando con la quietud
de una laguna de estrellas.

Viento

Viento, segador claro,
la noche en el campo.
Segador claro,
¿qué alta mies de lumbres
pasas tú segando?

Después de la lluvia

Sólo unos pocitos dejó el aguacero
y en cada pocito, la flor de los cielos.
Flor de acero puro y flor de cristal,
ternura caída de lo celestial.
Ojitos de cielo que bebieron luz
en el alma clara de la nube azul.

Arcoiris

Las bocanadas de viento
pasan bajo el arcoiris.
Viento cimero y bravío,
tumba el puente de colores,
quiébralo sobre los cerros
empapados de rocío.

Octubre

¿Y el sol?
En el cubo de Octubre, el Aguador.

Por allá, entre las nieblas, los cerritos
y en sus cuevas, mojados los enanitos.

¿Y el sol?
En el cubo de Octubre, el Aguador.

Inundado está el huerto de Doña Ana
y nadie va por la fruta temprana.

¿Y el sol?
En el cubo de Octubre, el Aguador.

En los miramelindos del jardín
busca miel, sin hallarla, el colibrí.

¿Y el sol?
En el cubo de Octubre, el Aguador.

«Buen tiempo», dice el Sapo a Doña Rana
que en la hoja de higuerilla
ha encontrado sombrilla
de la que no se ufana.

¿Y el sol?
En el cubo de Octubre, el Aguador.

Reina del viento

Viento, galán de nubes,
quisiera ser tu reina,
vivir en tu palacio
como la luna llena.
En tus mares de nubes
sería una sirena,
la cabellera verde,
larga cola de estrellas.
Me llevaría tu brazo
encima de la sierra
a ver los horizontes
dorados de la puesta.
Contigo, de la mano,
por toda la pradera,
iría de rosa en lirio,
como van las abejas.
Y en el lluvioso invierno
contigo, hacia otras tierras
partiría en tu carroza
tachonada de estrellas.

La gotera

Bajo la lluvia

Tic, tac, tic, tac,
la gotera canta y baila,
baila y canta en el huacal.

La gotera es una niña
de cristal.
Tac, tac, tic, tac.
La música de los grillos
alegra la oscuridad,
y ya muy hondo, en el sueño,
aún se la escucha danzar,
con su único pie de plata
en el hueco del huacal:
tic, tac, tic, tac.

Los gordos patos
en río revuelto
y con las colas
vueltas al cielo.
Bajo la lluvia,
los pies descalzos
por los potreros,
pasan corriendo.

¡Arre, ternero!

Bajo la lluvia,
por los potreros,
los pies descalzos
en el invierno.
Entre neblinas
sueñan los cerros;
crecen las aguas
del arroyuelo.

¡Arre, ternero!

Campos
y pueblitos

Atrás quedó la ciudad

Atrás quedó la ciudad
cantada de sirenas,
atravesada de luces,
atormentada y eléctrica.

Aquí tengo el campo azul,
antiguo, con luna llena
en el moño de los árboles
clavada como peineta.

Tengo el campo azul y tengo
la verde cama de hierba
con resortitos de grillos
y velitas de luciérnaga.

63

Caminito cerrero

Caminito trepador de cerros,
tan sin gente y tan mío,
que sin puentes, humilde,
pasas descalzo por los ríos.

Yo te quiero, caminito cerrero
cuando, desde la colina última,
me echas sobre la frente
el borbollón de la luna.

Domingo en Santo Domingo

Domingo en Santo Domingo:
calles verdes, bajas tapias
al sol campesino y claro
con sus morriones de guarias.

Las nueve; misa mayor
al tan-tan de las campanas;
y el chiquillo indiferente
al potrero, con las vacas.

Domingo en Santo Domingo:
calles verdes, calles anchas,
y los solares tranquilos
detrás de las bajas tapias.

Pueblo distante

Escazú, en la noche,
tres hileras de luz.

Detrás hay una ola negra
que en la mañana es azul.

En la noche, allá, Escazú
es una negra guitarra
con tres cuerdas de luz.

La carreta en el patio

La carreta en el patio
debajo del mango.
En la cocina,
charlan los muchachos.
La luna va saliendo
detrás de los potreros empedrados
sobre la dulce y nueva
soledad de los campos.
Los cuyeos se llaman
de guayabo a guayabo;
juegan las candelillas
por los itabos.
Por el callejón viejo
cubierto de pasto
la carreta sin bueyes de los miedos
pasa traqueando.

Doñana Primavera

Doñana Primavera

Doñana Primavera,
anda en su vergel
abriendo la rosa,
cerrando el clavel.

Canción abre la rosa,
canción cierra el clavel.

Doñana Primavera,
en los miramelindos,
música de colores
agita en altos sistros.

Doñana Primavera,
entre la yerbabuena.

Doñana Primavera,
madura la naranja
y al limón y a la cidra
les da verde fragancia.

Doñana Primavera,
los ojos de violeta.

Doñana Primavera,
abeja de oropel,
que hace a la rosa, rosa
y al clavel, más clavel.

Viejecita entre flores
canción de atardecer.

Maíz

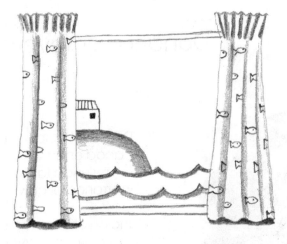

Verde caña, verdes hojas,
penacho al viento y al sol.

La buena cara del indio
debajo de tu verdor,
mientras de la mar venía
el blanco, conquistador.

Por lo verde, verde dama
con cabello de esplendor.

Mazorca verde y dorada
gloria del cosechador.

Las hojitas
de la yerbabuena

Las hojitas frescas
de la yerbabuena
con luna y estrellas.
Eran las amigas
de la regadera
y de los grillitos
y de las luciérnagas.
Conocían las manos
secas de la abuela;
conocían las horas
de sombra en la huerta
y eran muy felices
con la luna nueva.
Las hojitas frescas
de la yerbabuena,
con luna y estrellas.

La flor del café

Algodón de azúcar,
quién la quiere ver,
por mayo de lumbres,
la flor del café.
Por mayo de lumbres,
quién lo quiere ver,
nevada de aromas,
la flor del café.

Adiós al verano
pareciera que,
con blancos pañuelos
los cafetos den,
o que saludaran,
con su flor de miel,
las primeras lluvias
que del cielo caen.

Bosquecillo de cipreses

¿De dónde tanto olor?
¿Huele la sombra?

Intimidad de musgos
y helechos,
de troncos y silencio.

De este lado, frescura,
arañitas de sol;
¿del otro lado, el cielo?

Aquí, entre los hongos
de pie hinchado
y sombreritos cenicientos,
en reposo de siglos
la madera feliz está creciendo.

Amapolas

Seto de amapolas.
Ola de sombra con estrellas rojas.

Las campanas del sol
agobian
el vuelo de color
del carrusel de mariposas.

En la brisa perdida
riega corales
transparentes
la ola de sombra.

Lirio

Entre la brisa,
ala de perfecto aroma,
ala mejor que el ala
de la paloma.

Sobre su vara
vaso de ensueño,
feliz en su color
y en su diseño.

Sauce con estrellas

Sauce con estrellas,
verde, verde y frío;
cimero en el cerro
del cielo infinito.

Sauce con estrellas,
verde, verde y frío,
ancla luminosa
del claro navío.

Azahares

En aquella casita de campo
hay tres naranjos en flor.
Qué blancas son sus flores
entre el verdor.
Ramos de estrellas parecen,
blancas estrellas de olor.

74

Árbol en aserradero

Lo que zumba y zumba y zumba
es la sierra,
no el colmenar en la selva.

Y canta el aserrador
entre el polvo de madera.

Lo que zumba y zumba y zumba
es la sierra,
con sus mil dientes de plata
devorando su merienda.

El agua de ayer, viene hoy
ya sin cielo, por la acequia;
tiembla, sin luz, en la presa;
baja por el ataúd
del tubo negro hecha fuerza,
y zumba y zumba
la sierra.

El árbol, en diez tablones,
escribe su historia entera
y luego se va gimiendo
apilado en las carretas.

Los ecos

BOSQUE. Grito. Los enanitos verdes
salen tras de los árboles distantes.
Silencio. Se ocultaron.
GRITO. De nuevo salen a encontrarme.
¡A......! ¡E......!
Asiré por sus barbas de bejuco
al que se presentare.
¡A......! ¡E......!
Corren más presurosos
que el viento, por los troncos de los árboles.

Paco;
no pude
encontrar
a los
enanitos
T.

2
+ 8
10

IIIIIII + II

Pensamientos silvestres

Los pensamientos silvestres
entre los verdes helechos
abren sus ojos morados
de niños que tienen sueño,
para mirar el camino
regado del aguacero.

Pegados al paredón
como celestes luceros
esconden su flor azul
entre los verdes helechos.

La mariposa y la flor

¡Buenos días, señora Rosa,
rosa fresca, empollerada!
¡Buenos días, la mariposa,
jardinera endomingada!

Plegó sus alas de lino
la volante mariposa
al sol reposó tranquila
en el nido de la rosa.

— Mi señora doña Rosa,
¿me permite usted entrar
a su casa de verdores
en lo fresco del rosal?

«¡Milagro de la mañana,
la mariposa y la flor!,»
cantaba un bimbín dorado
que por allí se asomó.

Mercado

Naranjas, piñas y mangos,
vocerío en el mercado.

Cucarachita Mandinga
con su cinquito anudado
en la punta del pañuelo
¡y no sabe cómo emplearlo!

¿A qué saben las naranjas
globitos enveranados?
¿Y las piñas a qué saben,
castillitos coronados?

Los mangos, ¿a qué sabrán,
vestidos de guacamayo?

¡Naranjas, piñas y mangos
caimitos, nances, bananos!
Cada vendedor publica
lo mejor y más barato.
Cucarachita Mandinga
es sólo ojos deslumbrados…
Es muy pobre, pobrecita,
y con su cinco anudado,
por más que piensa y medita
la infeliz no halla en qué emplearlo.

77

Cucarachita Mandinga

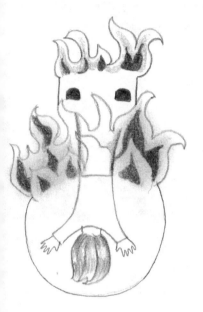

Tres peregrinos

Se fueron por un camino,
nieve azul y blancos pinos,
rodando cielos y tierras,
tres peregrinos.
Uno encontró
la casita del Sol.
¡Entró y se quemó!

Otro llegó en una
barquita a la luna;
de hielo era el río;
¡se murió de frío!

El otro encontró
la casita tibia
de mi corazón.
¡Y aquí se quedó!

El Gigante Tragapiedras

El Gigante Tragapiedras
la cabaña se encontró
donde viven doce niños,
la mujer y el leñador.

El Gigante Tragapiedras
su yantar les demandó
y le dan cuanto ellos tienen
¡las tres piedras del fogón!

El Gigante Tragapiedras
que tenía buen corazón,
¡se comió los doce niños,
la mujer y el leñador!

¡El Gigante Tragapiedras
se murió de indigestión!

San Selerín

San Selerín de la buena, buena fin.
Caperucita se va por el bosque,
se va por el bosque de San Selerín.

¡San Selerín, por el bosque se va
con el lobo negro, ojazos de hollín!
¡San Selerín de la buena, buena fin!

¡San Selerín de la buena, buena fin,
el Lobo quiere comerse a la niña,
comerse a la niña de San Selerín!

San Selerín que en el bosque rezaba
voló con la niña, volando sin fin,
hasta la cabaña de don Serafín,
leñador honrado dueño del mastín.
¡San Selerín de la buena, buena fin!

La hija del rey

Se ha perdido la hija del rey;
dis que en una isla de rojo coral
dale palacio un dragón de cristal.

Cien caballeros la van a buscar,
en diez galeones cruzaron la mar.
¡Ay, que volvieron llorando pesar!

Háse perdido la hija del rey.
Pulgarcito la sale a buscar
y la encuentra, sin mucho afanar,
en una toronja de su toronjal.

¡Viva la niña! ¡Y viva Pulgar!

La Vieja Inés

– ¡Upe! ¿Quién es?
– La Vieja Inés con las patas al revés…
que trae un canasto de gatos
y que los da muy baratos;
que le merquen unos tres
y que los da a tres por seis;
que son gaticos moriscos
todos con los ojos bizcos;
que le hagan la caridad
si se la quieren hacer,
que en su casuca no hay dulce
y no ha tomado café
y ha andado toda la villa
con sus patas al revés…
¡Ay, que le compren los gatos
a la pobre Vieja Inés!

Cucarachita Mandinga

La Cucarachita del aparador
vestida de bodas es toda un primor.
La Cucarachita se casa esta noche,
la caja de fósforos le sirve de coche.
Seis «hormigas agrias» son buenos bridones;
la música, un grillo y unos moscardones.
La Cucarachita se nos casa al fin
con su galán seco, saltón Chapulín.
De verde levita va, muy elegante,
mueve las antenas con aire pedante.
Los casó el «zancudo» que sabe latín
y ahora en su casita tienen gran festín.
Llegan convidados de todos lugares:
unas «agüelitas» vestidas de azahares;
ocho gusanitos de los más corteses,
cuatro escarabajos, señores marqueses.

La Cucarachita con gran emoción
les ofrece azúcar del aparador.
Se quitan las sillas, pues van a bailar;
el grillo se apresta con su instrumental.
Van las «candelillas» saliendo en parejas;
todas bailan, menos las feas y las viejas.
Mas de pronto, ¡oh susto!, ¡qué barbaridad!,
¡por una rendija los vio el alacrán!
Don Chapulín salta y no espera más;
la Cucarachita se va a desmayar,
¡ay!, las «candelillas» no saben qué hacer,
el padre «zancudo» se pone a toser…
Don Alacrán pasa y dice al pasar:
«¡Síganse las bodas! ¡No voy a cenar!»

Tres enanitos

Tres enanitos tiene la reina
junto a su cama:
cuando amanece,
uno la llama,
otro descorre la gran cortina
y el otro vierte
agua dorada para su tina.
Tres enanitos tiene la reina
junto a su silla:
uno la lava,
otro la peina,
otro le calza la zapatilla.
Tres enanitos
tiene la reina
junto a su mesa:
uno con flores,
otro con pájaros,
otro con moras y con cerezas.

Los tres ositos

Vamos al bosque, bosque, en donde tienen
su casa los ositos:
el Grande y el Mediano y el Pequeño;
uno, dos, tres ositos.
Vamos con Rizos de Oro; allá veremos
mesa y mantel de lino;
tres sillas y tres platos y en cada uno
relucientes cucharas de aluminio.
Y luego, al dormitorio, con tres camas,
camas de los ositos:
la grande, la mediana y la pequeña
con almohadones limpios.
Nos comeremos el arroz con leche
del plato grandecito;
nos sentaremos en la silla grande
a la mesa de pino
y luego dormiremos en la cama
mayor, un sueñecito.
Cuando vengan los dueños de la casa,
los osos peluditos,
huiremos por el bosque con la Niña
de los Dorados Rizos.

La Sapa

La Sapa le estaba haciendo
al Sapito unos calzones.
«¡Ay, marido, qué congojas
las que pasamos los pobres!
Ayer calzones de dril;
hoy, calzones de gangoche.
Y gracias que te los hago
con ojales y botones…
Déjame que los aplanche;
voy a encender los carbones».
¡La Sapa que se descuida,
y el Sapo que se los pone!
Salió corriendo el sapito,
iba al jardín de las flores
a ver a doña Rosita,
¡por la que muere de amores!
Llegado al jardín, ¡Dios Santo!
¡Cómo se rieron las flores!
Los pantalones del sapo,
¡Señor!, no tenían botones…

Pescador, dame tus remos

En el bote el pescador,
su hijita al pie de la vela,
deja la playa y se va
remando por la mar ciega,
por el agua triste y turbia
de la bahía desierta.

Al horizonte una isla
verde y azul, los espera.
Pescador, dame tus remos,
dame tu bote de vela,
y la islita verde azul
que en el horizonte espera.

La tierra a mi niña

La tierra, a mi niña
cantando le dijo:
«Por todos los valles
tienes hermanitos:
los de ojos azules,
los rubios;
los otros que tienen
los ojos oblicuos;
los otros,
de dientes tan blancos,
los crespos negritos;
y los otros que hablan
en lengua encantada,
los indios,
los que hacen con barro
pájaros tan lindos.
Por todos mis valles
tienes hermanitos.»

El enanito Benibaire

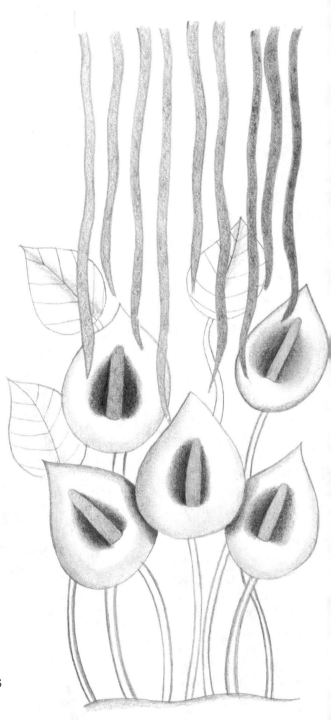

El enanito Benibaire
sale en las noches a pasear
montado en una mariposa,
antenas de oro, alas de cristal.
El enanito Benibaire
tiene un gorrito de azafrán,
barbas de lana, blusa roja,
zapatillas de coral.
Va de visita a los jardines
con las flores suele hablar;
a los grillitos de la hierba
les da lección de violinar.
A los gusanos y luciérnagas
les dice cómo han de alumbrar;
las ranas verdes del pantano
cuando lo ven, rompen a croar.
Con su batuta los dirige
en sus nocturnos de orquestal
en que los sapos llenan cántaras
profundas de sonoridad.

Cuaja las gotas de rocío,
en las ramillas del pinar
o en las leves telarañas
en que la araña suele estar.
El enanito Benibaire
corre de aquí, corre de allá,
toda la noche de verano
haciendo el bien, sin reposar.
Cuando los niños se despiertan
y el sol comienza a relumbrar
y las abejas atareadas
salen volando del panal,
el enanito Benibaire
va por el aire matinal
en su ligera mariposa,
antenas de oro, alas de cristal
y se refugia en su cuevita
para dormir y descansar,
en su cuevita de silencio
que nadie sabe en dónde está.

Escondite

Montado en una hormiguita
te metes al hormiguero;
yo me esperaré a la orilla
a que grites desde adentro:
«¡Ya, que ya! Ven a buscarme,
corre, que estoy muy adentro.»
No te oiré, no te oiré,
enanito bullanguero.

Saldrá un hormigón cantando
santo, santo y lero lero,
con su hormiguín a la espalda
vestido todo de nuevo.
Saldrán todas las hormigas
en fila, del hormiguero
y entonces te iré a buscar…
¡Cuidado si no te encuentro!

Vuelo de golondrinas

(Juego)

Vuelo de golondrinas,
¡vengan al vuelo!
Cruzaremos cantando
mares y cielos.

Formando por parejas,
dos, cuatro, diez,
en triángulo de gracia
con rapidez.

Sacudamos las alas,
¡ahora a volar!
Cruzaremos cantando
por sobre el mar.

¡Cómo soplan los vientos,
qué alegre el mar!
Juguemos con los vientos
sin descansar.

Viento del Norte, vientos
del Este y Sur,
nosotras somos reinas
del cielo azul.

¡Volvamos a la costa,
no hay que tardar,
antes que el sol se ponga
sobre la mar!

Cristo niño

El Hijo del Hombre

Soplaba la estrella muerta
para infundirle su aliento.

Caminaba sobre el agua
para pescar en el cielo.

Se sentaba en los trigales
con los pájaros del tiempo.

Con los mozos viñadores
gustaba del vino nuevo.

Compartía su corazón
con los olivos y cedros.

Sembraba buena simiente
esparcida a cuatro vientos.

Aprendía de los infantes
y adoctrinaba a los viejos.

Decía su libre palabra
sin cátedras y sin templos.

Regó con su sangre un árbol
que se alzó para los siglos,
entre la tierra y el cielo.

Campanas de Navidad

(H. W. Longfellow)

Escucho las campanas de Navidad,
¡dulce y viejo repique familiar!;
con qué tierna alegría
cantan su melodía:

¡Paz en la Tierra a los hombres
de buena voluntad!

Hoy todas las campanas repetirán
para que oiga sus voces la cristiandad
el mensaje de amor
del Ángel del Señor:

¡Paz en la Tierra a los hombres
de buena voluntad!

Después, sus lenguas de oro
dicen:
Jesús no ha muerto,
velan sus ojos en la luz.

Guerra, crimen, falsía, pasarán,
amor, justicia y paz, se mantendrán
para todos los hombres
de buena voluntad.

Navidad

Del monte verde tierno
bajaron las carretas
con musgos olorosos
a fruta y a agua fresca.
Fuimos por verde musgo,
alegres, a la feria;
éramos como pollos
los nietos con la abuela.
Nuestra vieja casona
nos dio su sala austera:
bajo sus firmes vigas
la familiar leyenda
se concretó en montañas
y bosques y praderas,
con musgo, piñas, limas,
begonias y resedas,
maíz recién nacido
y frutos de piñuela.
Reyes, pastores, ángeles,
corderillos y ovejas
y el Niño desnudito
sobre la paja seca.

Aquella noche, noche,
la noche Nochebuena,
con gracia de cantares
se despertó su estrella,
su cielo enternecido,
su magia de azucenas,
el pesebre y su paja,
las dos solemnes bestias,
el Carpintero anciano,
la Virgen Nazarena.

Entre el coro de niños
cantó la voz abuela:
«La Virgen lavaba,
San José tendía;
bajo los romeros
el Niño dormía.

Palomitas blancas
iban y venían,
¡ángeles del cielo
del Ave María!»

Portalito

Ángeles y estrellas
te rodean, mi Niño
y con píos dorados,
verdes pajarillos.
Junto a tu pesebre
calientan tu frío
la mulita parda
con el buey barcino.
La Virgen María
gota de rocío,
de rodillas besa
tus pies rosaditos.
El buen Carpintero
cedro alto del Líbano,
en medio la noche
vela conmovido.
Afuera la nieve
en sus copos limpios
te adora en silencio
de campos sin ruido.

Junto a las hogueras
y a sus corderillos
cantan los Pastores
dulces villancicos.
Lejos, los Tres Reyes
de Oriente venidos
suman en plegaria
sus sueños divinos.
Más lejos los montes
los desiertos mismos,
los mares, los cielos,
te adoran, mi Niño.
Cosas y criaturas,
a tu ser rendidas,
rodean tu pesebre
de paja de trigo.
El que no te adore,
¡oh Jesús, mi Niño,
no sabrá esta noche
de amor infinito!

La Virgen de Mayo

Altar de lirios y rosas
para la Virgen de Mayo
y jaulas donde cantaban
elegías, los canarios.
Un palomo de algodón
se le anidaba en las manos
con suavidad de azucena
en leyenda de milagros.
La Virgen, alba y celeste,
tenía los ojos extáticos
y entristecidos, al trino
auroral de los canarios.

Balada

Por el camino los tres Reyes Magos,
por el camino que lleva a Belén.

Buen peregrino, ¿dirás si ha nacido
como lo anuncia la Estrella, tu Rey?

El peregrino les dijo: «Viajeros,
no veo la Estrella, ni sé de tal Rey.»

Por el camino los tres Reyes Magos,
por el camino que lleva a Belén.

«Dinos, anciano de barba florida,
¿dónde los guardias que guardan al Rey?

Aquí la Estrella de luz se ha parado
y este el palacio del Rey ha de ser.»

«Señores Reyes, nació en un pesebre,
entrad a verlo… Yo soy San José.»

Entran los Reyes, corona en la mano,
y apenas pueden creer lo que ven.

En los regazos la Virgen le canta
y al par lo mece con suave vaivén.

El niño tiene en sus manos la Estrella
y hay un pedazo de cielo con Él.

Romancillo del pan de la Virgen

La Virgen como era pobre,
amasaba en el Portal:
batea, de oro puro,
la pala ébano y nogal.
Doce arquitas bien cerradas
y frescas, de algún nidal,
revolvía con la harina
para hacer blando su pan,
y endulzaba con la caña
de azúcar primaveral.
Barría el horno con uruca
y los bollos ponía a asar
sobre los ladrillos limpios
en bandejas de coral.

Mientras el pan se cocía
iba a ver al palomar
las palomas de Castilla,
roncas de tanto arrullar,
o tendía en el romero
finos pañuelos de olán.
Cuando del horno sacaba
ya doradito su pan,
mandaba al niño bendito
por toda la vecindad
a dejar entre los pobres,
ña Cristina, ñor Damián,
el ciego de la guitarra,
el anciano capitán,
los diez chicos de la viuda
del carpintero, y cien más,
aquellos bollos olientes,
esponjados como azahar,
que bendijo con sus manos
de estrellas y caridad.

Índice